Tirso de Molina

El honroso atrevimiento

Barcelona **2024**
Linkgua-ediciones.com

Créditos

Título original: El honroso atrevimiento.

© 2024, Red ediciones S.L.

e-mail: info@linkgua.com

Diseño de cubierta: Michel Mallard.

ISBN tapa dura: 978-84-1126-135-7.
ISBN rústica: 978-84-9816-499-2.
ISBN ebook: 978-84-9953-096-3.

Sumario

Brevísima presentación

La vida
Tirso de Molina (Madrid, 1583-Almazán, Soria, 1648). España.
Se dice que era hijo bastardo del duque de Osuna, pero otros lo niegan. Se sabe poco de su vida hasta su ingreso como novicio en la Orden mercedaria en 1600 y su profesión al año siguiente en Guadalajara. Parece que había escrito comedias, al tiempo que viajaba por Galicia y Portugal. En 1614 sufrió su primer destierro de la corte por sus sátiras contra la nobleza. Dos años más tarde fue enviado a la Hispaniola (actual República Dominicana), regresó en 1618. Su vocación artística y su actitud contraria a los cenáculos culteranos no facilitó sus relaciones con las autoridades. En 1625, el Concejo de Castilla lo amonestó por escribir comedias y le prohibió volver a hacerlo bajo amenaza de excomunión. Desde entonces solo escribió tres nuevas piezas y consagró el resto de su vida a las tareas de la orden.

Personajes

Lisauro
Candado, gracioso
El duque de Ferrara
Honorato, viejo
El dux de Venecia
Marcio, gentilhombre
Lelio, hijo menor del dux
Filiberto, hijo mayor del dux
Dos alguaciles
Dos embajadores venecianos
Verino
Diódoro
Fulgencia, mujer de Lisauro
Efigencia, su hija
Decio
Julio
Marcelo
Un Criado
Labradores
Soldados

Jornada primera

(Salen Lisauro, como en su casa, Honorato, viejo, Diódoro y Verino, desenvainadas las espadas.)

Lisauro
> Cogido nos habéis de sobresalto,
> y del son que venís tanto me pesa
> cuanto me hallo de socorro falto.

Honorato
> El peligro, Lisauro, nos da priesa;
> siguiendo me vendrán desde Rialto
> mis enemigos, que tendrán la presa
> por cierta, y su venganza por sin duda,
> si no nos dais para huir ayuda.

Lisauro
> Acostados están todos en casa,
> y no os será seguro el despertallos,
> ni mientras el furor que tenéis pasa
> de Venecia os podrán sacar caballos,
> porque en ella la tierra es tan escasa
> cuanto pródigo el mar por excusallos;
> que es tan casero y manso aquí que fragua,
> cual veis, en vez de piedras, calles de agua.
> Mas, ¿qué ocasión la ha dado a que el consejo
> de vuestras canas no haya reprimido
> vuestro enojo, Honorato?

Honorato
> Es en el viejo
> la ira más cruel, cuando, atrevido
> el mozo a su respeto, que de espejo
> le ha de servir, se arroja. Hame ofendido
> un mozo mercader; pero ¿qué importa
> ser hielo la vejez si el hielo corta?
> Averiguando cuentas Feliciano

conmigo, porque aquesta señoría
en Marte y en Mercurio cortesano
funda la dicha de su monarquía,
quiso, tras un mentís, alzar la mano;
pero la mía, aunque caduca y fría,
sacó la daga que en su pecho necio
vengó su atrevimiento y mi desprecio.

    Acudieron sus deudos y parientes,
y tomando por suya aquesta ofensa,
sacaron armas, convocaron gentes,
y la que vino fue, Lisauro, inmensa;
mas Verino y Diódoro que, obedientes,
dieron a mi valor nueva defensa
y a su amor filial fama debida,
vida me dieron, si les di la vida.

    Sacáronme en los brazos, y saltando
en una de las góndolas compuestas
que, en vez de coches, olas van surcando
por calles de agua a su humedad opuestas,
a pesar de los deudos que gritando
hacían sus injurias manifiestas,
doblando esquinas, con la noche escura
nos trajo a vuestra casa mi ventura.

    Considera cuán cierta está mi muerte
si no me da favor vuestra nobleza.

Lisauro   Aunque el senado de la misma suerte
castiga a quien ayuda la flaqueza
del que huye su rigor; por ser tan fuerte
la ocasión y importaros la presteza,
por lo menos la vida, noble viejo,
obras os quiero dar, palabras dejo.

    En mi góndola entrad los tres conmigo,
que, con la oscuridad, de marineros

vestidos, llegaremos a Rovigo,
seguro asilo de sucesos fieros;
en ella os dejaré, Honorato amigo,
crédito en mercaderes y dineros,
que la justicia ya os tendrá embargada
vuestra copiosa hacienda, bien ganada.

Honorato   No es bien que tal valor, Lisauro, ofenda
con agradecimientos que, prolijos,
del lisonjero suelen ser la hacienda,
pagando en viento beneficios fijos;
si permite la ley que un padre venda
en la necesidad sus mismos hijos,
éstos mis hijos son, servíos con ellos,
aunque no es presentároslos vendellos.

Verino   En el cielo, Lisauro amigo, espero
que ocasión me dará en que satisfaga
la merced que al silencio dejar quiero.

Diódoro   Si Aristóteles dijo que no hay paga
que iguale al beneficio que es primero,
pues por más que un amigo después haga,
siempre se queda en pie el habelle dado
su amigo el beneficio adelantado,
mal podremos pagar; mas quien ofrece
lo que tiene, Lisauro, libre queda.

Lisauro   [Tiempo habrá, amigo, aunque veis florece]
mi dicha, en que cobrar de los tres pueda
esta amistad que vuestra fe merece;
y quiera Dios no sea en la moneda
misma que os doy.

| Honorato | Las almas obligamos. |

| Lisauro | Segura es la hipoteca; vamos. |

| Todos | Vamos. |

(Vanse. Salen Filiberto, como justicia, Lelio y otros.)

| Filiberto | No quede en toda la casa
pieza que dejes sin ver. |

(Entran algunos dentro.)

| Lelio | Visto los han esconder
en ella. |

| Filiberto (Aparte.) | (El amor me abrasa
de Fulgencia, esposa bella
de Lisauro, y ha buscado
mi amor con andar vendado
esta ocasión para vella.) |

| Lelio (Aparte.) | (Los amores de Fulgencia
me traen tan fuera de mí,
que esta ocasión busqué aquí
para gozar su presencia.) |

| Filiberto | Lelio: ¿a qué has venido acá? |

| Lelio | ¿Qué haces aquí, Filiberto? |

| Filiberto | Yo he sido amigo del muerto,
y su venganza me da
ocasión para prender |

al autor de esta crueldad.

Lelio
    Y yo debo a su amistad
tanto, que me obliga a hacer
  las diligencias debidas
a su venganza.

Filiberto
        ¿Qué oficio
de justicia tan propicio
del muerto te hace que pidas
  su venganza?

Lelio
        ¿Pues tú tienes
cargo acaso de prender
o soltar, que a reprender
de aqueste modo me vienes?

Filiberto
  El dux de Venecia es
mi padre.

Lelio
     Yo soy tu hermano.

Filiberto
Yo el mayor.

Lelio
    Y yo el que gano
fama de más interés
  en Venecia; mas ¿qué importa
el ser mayor o menor?
¿Es mayorazgo el amor
que ha de heredarse? Reporta
  tus ímpetus, no me den
ocasión que sin prudencia...

Filiberto
Yo vengo a ver a Fulgencia.

13

Lelio	Yo vengo a verla también.

Filiberto	¿Sabes que es mujer casada?

Lelio	Pues ¿eres tú su marido?

Filiberto

No; pero si aquí he venido
es por que sea respetada,
  si está su marido ausente,
de la justicia atrevida
que en busca del homicida
suele tratar libremente
  y aun sin respeto a cualquiera
que se le opone, y volver
por una noble mujer
que fácilmente se altera
  es forzosa obligación
de quien nobleza profesa.

Lelio	¿Qué sola la causa es ésa?

Filiberto

Temo que la confusión
  de ver de noche en su casa
la justicia ha de inquietarla,
y así vengo a sosegarla,
no porque su amor me abrasa.
  Por más sospechas que cobres
solo defenderla intenta
mi nobleza.

Lelio

Pues ¿qué cuenta
tienes, Judas, con los pobres?
  Como jamás has tenido
en aquesta casa entrada

solamente dedicada
al honor de su marido;
   como dádivas desprecia
y papeles no recibe,
aunque satisfecha vive
de que es el dux de Venecia
   tu padre y sabe el poder
de tu libertad liviana;
como ni en calle y ventana
ni en puerta la puedes ver,
   por más trazas que imaginas,
pues, cuando en casa no está
la góndola donde va
lleva echadas las cortinas,
   ¿qué perseveras tu entrada
en esta casa?

Filiberto   Pintado
te has a ti mismo, que has dado
a malicia tan fundada
   principio, siendo su autor,
porque si yo vine aquí
es por defender de ti
su reputación y honor;
   que eres mi hermano y no es justo
que sufra que a tal mujer
mi hermano intente ofender.

Lelio   Eres un santo. Yo gusto
  de verte tan reformado
que a mí me reformas ya;
pero si el honor te da
de aquella dama cuidado,
   salgamos los dos de aquí

y quedaré satisfecho,
porque lo mismo sospecho
que tú sospechas de mí.
    La justicia hará su oficio
quedando sin detrimento
Fulgencia.

Filiberto   Yo soy contento.

Lelio   Vete, pues, que eso codicio.

Filiberto   No te quedes tú aquí, pues.

Lelio   ¿Yo quedarme? Ya me voy.
(Aparte.)   (Luego vuelvo.)

Filiberto (Aparte.)   (Luego soy
                             aquí.)

Lelio   ¿Vaste?

Filiberto   ¿No lo ves?

(Vanse. Salen Candado, medio desnudo, con un candil y dos alguaciles.)

Alguacil II   Llevadle preso si niega
                             dónde tienen escondido
                             al homicida atrevido.

Candado   Señores: en la bodega
(Aparte.)   pienso que está. (¿Quién me trajo
                             a sufrir tantos enojos?)

Alguacil II   Vístele?

Candado	Por estos ojos.
Alguacil II	¿Qué talla tiene?
Candado	Altibajo, aunque luengo de estatura, bermejo, barbiponiente, dos berrugas en un diente, mulato en la catadura.
Alguacil I	¡Villano! ¿Disparatáis?
Candado	¿He de hablar verdad?
Alguacil I	¿Pues no?
Candado	Señores, mal haya yo si sé por quien pescudáis. Si alguna mujer buscáis que en mercancía se vende, y como lechuza o duende huye, ¿qué me pescudáis? No gasto esa fruta yo; otros pisen ese lodo, que yo estoy del mismo modo que mi madre me parió, tan virgen como una miel, que si en tienda, sin habella, venden carne de doncella, yo soy carne de doncel. Y con esto adiós, que tengo un sueño que reposar.

Alguacil II	No hay aquí disimular; llevadle preso.
Candado	No vengo en eso; ¿por qué pecados?
Alguacil I	¡Vaya!
Candado (Aparte.)	Señor alguacil... (¿mas que si soplo el candil que quedan descandilados?)
(Sale Fulgencia.)	
Fulgencia	¿Qué alboroto es éste, cielos? ¿Lisauro, esposo, señor, vos ausente y mi temor formando tristes recelos? ¿Qué gente es ésta? ¡Ay de mí!
Candado	La josticia es; que codicia her de nosotros josticia.
Fulgencia	¡Cielos! ¿La justicia aquí? A Lisauro ha sucedido algún infeliz suceso. ¿Es muerto Lisauro? ¿Es preso?
Alguacil II	Decid: ¿dónde está escondido el homicida, señora, pues le tenéis encubierto?
Fulgencia	¿A alguno Lisauro ha muerto? ¡Ay de mí!

Alguacil I (Aparte.)   (Bien finge y llora.
                   ¡Linda cosa!)

(Sale Filiberto.)

Filiberto (Aparte.)   (Si a Fulgencia
          adoro, y si la ocasión
          favorece mi opinión,
          ¿cómo estoy sin su presencia?
            ¿Cómo vivo si es que muero,
          sin ella estando y sin mí?
          A mi hermano eché de aquí;
          Fulgencia es ésta; ¿qué espero?)

Fulgencia   ¡Ay, ilustre Filiberto!
          ¿De noche en mi casa vos
          sin mi bien, siendo los dos
          tan amigos? Él ha muerto
            a algún oculto enemigo
          envidioso del valor
          de Lisauro, mi señor.
          Poco ha que estaba conmigo
            con menos sosiego y gusto
          del que su amor me promete;
          pero ¿a quién hay que no inquiete
          la injuria de un pecho injusto?
            .... [-ós]
          ....
          ....

Filiberto   Señora...

Fulgencia   Si os hizo Dios
          hijo del dux de Venecia,

y suele la adversidad
ser prueba de la amistad
que más al amigo precia
   cuanto le ve en más aprieto,
échase ahora de ver
lo mucho que puede hacer
un amigo tan discreto,
   que un padre tan poderoso
tiene; ¿qué le pediréis
al dux que de él no alcancéis
por vuestro amigo y mi esposo?

Filiberto (Aparte.)   (Basta; que piensa Fulgencia
que es Lisauro el matador
que buscan; astuto Amor,
hoy por vuestra diligencia
   mi esperanza ha de alcanzar
el fin de su gusto extraño,
porque con un sabio engaño
a Fulgencia he de gozar.)
   ¡Hola! andad con Dios, que aquí,
cuando el homicida esté,
conmigo le llevaré
preso.

Alguacil II   Sea, señor, así.

Filiberto   Es noble y no es bien le lleve,
Fabio, otro menos que yo.

Alguacil I   Comisión el dux nos dio;
vos haréis lo que se debe
   a la justicia y mandato
de vuestro padre, y así

nos vamos.

(Vanse los dos alguaciles.)

Filiberto   Yo quedo aquí:
              idos vos, porque el recato
                y secreto es de importancia.

Fulgencia   Candado, vete.

Candado (Aparte.)   ·   (Por Dios
              que me despiden los dos;
              no os arriendo la ganancia,
                Lisauro.) Dejaros quiero
              el candil aquí colgado.

Fulgencia   Anda, necio. ¡Qué pesado
              eres siempre y qué grosero!

Candado   Temo algunas travesuras
              que ofendan a mi señor,
              que, como es ciego el Amor,
              hace sus cosas a escuras.
                Y el dimoño es tan sotil
              que, cuando luz os dejara,
              aun sospecho que quedara
              la honra a moco de candil,
                cuanto más en tentación.

Fulgencia   Necias sospechas produces.

Candado   Plegue a Dios no hagáis dos luces
              como candil de mesón.
                Mas ya a amanecer comienza,

y con luz, aunque haya amor,
no haréis nada, que el honor
con luz está a la vergüenza.

(Vase.)

Fulgencia   Solos habemos quedado,
que el deseo de saber
de Lisauro pudo hacer
mi honor menos recatado
    que acostumbra, Filiberto.
Decid, ¿qué desgracia ha sido
la que el cielo ha permitido
por mi mal? ¿A quién ha muerto
    mi esposo? que pierdo el seso.

Filiberto (Aparte.)   (¿Qué haré yo, pobre de mí,
que ha tanto que le perdí?)

Fulgencia   No dilatéis el suceso.

Filiberto   No haré. ¿Quién duda, señora,
que sabréis qué es afición,
pues su tirana pasión
os sale a la cara ahora?
    Llamaron Sol al Amor
por ser tan universal
que no hay planta ni animal.
que no goce su favor.
    Y si es su eficacia tanta
que hasta las plantas rindió,
¿qué milagro que ame yo,
pues soy hombre y no soy planta?
    Ama el hombre su trasunto;

que tengo amor os confieso.

Fulgencia   Pues ¿qué tiene que ver eso,
señor, con lo que os pregunto?

Filiberto   Importa a la libertad
de Lisauro apetecida
que ame yo, porque su vida
pende de mi voluntad.
   No está Lisauro hasta ahora
muerto, preso y ofendido;
que le ha guardado y servido
quien os tiene amor, señora.
   ¿Veis lo mucho que importó
el amor que en vuestro amparo
y de Lisauro os declaro?
Que vive él porque amo yo.

Fulgencia   Porque le amáis, es verdad,
que mi esposo tendrá vida,
que es una alma repartida
en dos cuerpos la amistad.
   Y repartida en los dos,
no es mucho que procuréis
que él viva, que quedaréis
si él muere, sin alma vos.

Filiberto   Como vos queráis, bien cierto
es que Lisauro tendrá
la vida que a riesgo está,
porque a un ciudadano ha muerto.
   Yo os amo, Fulgencia mía;
ningún imposible os pido,
y el premio que os he ofrecido

imposibles merecía.
   El Dux de Venecia es
mi padre, yo vuestro amante;
el peligro está delante
y delante el interés.
   Dad gusto a mi amor violento,
pues con él aseguráis
vuestro esposo, y nos dejáis
a él con vida, a mi contento.
   Lisauro...

Fulgencia   Al discurso necio
poned fin, vil mercader.
.... [-er]
¿Yo el honor en tal vil precio?
   Allí en las tiendas falidas,
de las famas que ofendéis,
vuestros gustos compraréis,
que venden honras a vidas;
   que aquí, donde no llegó
el precio de esas deshonras,
con vidas se compran honras,
mas vidas con honras no.
   Y adiós, que ese torpe intento
me ofende y causa temor,
porque es espejo el honor
y le mancha hasta el aliento.

Filiberto   Si no bastan cortesías
para quien no las entiende,
Amor es rey y no ofende.

Fulgencia   Un rey no hace tiranías.

Filiberto	Dadme esos brazos por fuerza,
	que el amor es guerra ya,
	y cuando no se la da
	puede rendir una fuerza.
Fulgencia	Suelta las manos, villano.
Filiberto	Ten de mis males clemencia.

(Sale Lelio.)

Lelio (Aparte.)	(Todo es muerte sin Fulgencia;
	mas con ella está mi hermano.)
	Suelta, atrevido, la mano,
	o soltaré a la ira el freno
	que tu torpe amor condeno,
	pues en aquesta ocasión
	te hallo, como el ladrón,
	la mano en tesoro ajeno.
	Suelta, que no es lazo igual
	el que tú amor manifiesta,
	porque en mano tan honesta
	la tuya parece mal.
	Si Amor con lazo inmortal
	nudo de almas puede hacer,
	Alejandro sabré ser
	que, contra el tuyo importuno,
	mostraré que todo es uno
	el desatar y el romper.
Filiberto	Cansado predicador,
	¿qué es lo que buscas aquí?
	¿Qué me reprendes a mí
	siendo mi hermano menor?

Tienes envidia a mi amor
y cúlpasle; pero en vano,
que hoy tengo que ser tirano
de quien sin seso apeteces.

Lelio
            Venturoso Adán mil veces
porque nunca tuvo hermano,
    y a no tener reverencia
a la fama y el honor
que, contra tu torpe amor,
honra, villano, a Fulgencia,
efectos de mi impaciencia
vierais presto.

Filiberto
                        Este lugar
no es decente para dar
a tus injurias castigo;
mas sígueme.

Lelio
                        Ya te sigo.

Fulgencia
        ¡Que esto he venido a escuchar!

(Vanse Lelio y Filiberto. Sale Lisauro.)

Lisauro
            ¿Qué es esto? ¿Qué turbación
siento en mi casa? Salido
han dos personas. ¿Quién son?

Fulgencia
        ¡Ay, mi bien! ¿Vienes herido?
¡Que será en mi corazón!

Lisauro
            ¿Yo herido, esposa querida?
¿Por qué y cómo?

Fulgencia	No encubráis lo qué me tiene afligida. ¿Cómo venís? ¿cómo estáis? Ya sé que dejáis sin vida a un hombre, y así, mi bien, escondeos y no demos lugar y venganza a quien entre dudosos extremos ofende al honor también.
Lisauro	¿Que me esconda yo? ¿Por qué?
Fulgencia	Todo lo que sucedió he sabido.
Lisauro	Mi bien, ¿qué?
Fulgencia	Un hombre habéis muerto.
Lisauro	¿Yo? ¡Jesús!
Fulgencia	No sé si os dé fe, pues, por no darme disgusto disimuláis y encubrís más de lo que fuera justo. Poco os debo.
Lisauro	¿Qué decís, que jamás con tanto gusto ni tan libre de temor he estado? Salí a librar a un amigo, que el favor

no le ha el noble de negar.

Fulgencia ¿Eso es cierto?

Lisauro Sí, mi amor.

Fulgencia Pues hanme contado a mí
lo contrario.

Lisauro Pues, bien mío,
si fuera verdad, decid,
yo que de vos me confío,
¿negaríalo?

Fulgencia Estuvo aquí
quien con engaños, señor,
ha intentado derribar
los muros de vuestro honor.

Lisauro ¿Cómo?

Fulgencia Ya fuera el callar
hacer traición a mi amor.
Lisauro, señor, esposo,
veneciano ilustre y fuerte
a quien dio el piadoso cielo
mayor valor que a otros bienes.
No temas, serena el rostro
si de estos incendios temes
la pérdida del honor
que eterno mi amor conserve;
veinte años ha que soy tuya,
aunque me parecen breves,
que amor recíproco gasta

el tiempo pródigamente.
Testigo eres tú, bien mío,
del favor y las mercedes
que yo en tu pecho recibo,
que todo este amor me debes.
Bien sabes que en tantos años
no se ha ofrecido accidente
que nuestro constante amor
le divida ni le altere.
Nació entre sus tiernos brazos,
como de su casta fuente,
Efigencia, nuestra hija,
que guarde Dios como puede.

Lisauro   No dilates más, señora,
lo que sabes me conviene;
que alargas más las sospechas
que con discursos suspendes.

Fulgencia   Esta vida y esta gloria
ha mudado en pena y muerte
Filiberto, hijo del Dux,
a quien por amigo tienes.
Pasea con blandos pasos
la calle, que los consiente
mirando con tiernos ojos,
no a mí, sino a mis paredes.
Cuando lo vine a saber,
temí que el descuido fuese
de mi casa la ocasión
para el amor que pretende;
que yo siempre imaginaba
que, cuando el amor se atreve.
era por darle ocasión

las poco cuerdas mujeres.
Di luego en cerrar ventanas
y establecí nuestras leyes
de honestidad y recato
que grandes peligros vencen.
Mas él, galán y atrevido,
buscó la ocasión presente
de visitar hoy mi casa;
la justicia y los jueces
entró en ella y descubrió,
con las palabras que suele
un poderoso atrevido,
su libre amor fácilmente.

Lisauro
¿Pretende ese caballero
a mi hija, a quien ofenden,
como a doncella tan noble,
las palabras y papeles?
¿Quiso sacar de mi casa
esa prenda de mis bienes,
el mayor y más guardado,
para su dichosa suerte?

Fulgencia
 No, señor; porque no fuera
ese amoroso accidente,
si ella puede ser su esposa,
digno de llamarse aleve.
A mí me quiere ofender,
mi amor dice que pretende,
mis memorias le enamoran
y mi rigor le entristece.
Díjome, porque desea
con sus cautelas vencerme,
que a una persona muy noble

diste en palacio la muerte.
Ofrecióme su favor,
conocido muchas veces
que por precio de justicia
algunas honras se venden.
De lo que le respondí,
mis ojos, que están presentes
fueron honrosos testigos,
como suelen serlo siempre.
Ésta, señor, es la causa
de que mi temor procede,
y la turbación que el rostro
con sus colores ofrece.

Lisauro   Mucha más gloria recibe
quien vence a sus enemigos
que quien sin tenerlos vive;
que ellos sirven de testigos
con que su valor se escribe.
  Y así de vuestra victoria
me resulta mayor gloria
que de las paces pudiera,
que entonces no se tuviera
de vuestro valor memoria.
  De algún modo a Filiberto
le quedo en obligación,
pues al mundo ha descubierto
con su vana pretensión
el valor que en vos advierto;
  y así, mi esposa querida,
no le he de quitar la vida
por el honor que os ofrece,
que la virtud resplandece
al paso que es perseguida.

(Aparte.)   (Esto digo, aunque en mí siento
                   el justo enojo y pasión
                   de su loco atrevimiento,
                   que él por sí ya dió ocasión
                   a mi agravio sentimiento.)

Fulgencia   Mira, mi bien, que sospecho
                   que pones duda en mi fe,
                   y cuando estás satisfecho,
                   dudas, acaso, si fue
                   de tanto valor mi pecho.

Lisauro   Eso fuera ya dudar
                   de la luz que el Sol ofrece,
                   de la inmensidad del mar
                   y del amor que merece
                   tu amor, mi bien, ensalzar.
                    Yo estoy ahora ocupado
                   en un negocio.

Fulgencia   A morir
                   si te vas me has condenado;
                   que nunca suele venir
                   seguro quien sale airado.

Lisauro   Luego, ¿no te fías de mí?

Fulgencia   De mis desdichas no fío.
                   ¿Vas airado?

Lisauro   Ya perdí
                   todo el enojo.

Fulgencia   Bien mío;

¿has de volver presto?

Lisauro   Sí.

Fulgencia   ¿Y qué? ¿No reñirás??

Lisauro   No.

Fulgencia   Júralo.

Lisauro   Por tu hermosura.

Fulgencia   ¡Nunca te dijera yo
                  mi desdicha!

Lisauro   Está segura.

Fulgencia   No lo queda quien amó.

(Vanse. Salen Lelio y Filiberto.)

Filiberto   Porque la obligación miro y respeto
                  que a mi padre y señor el dux se debe,
                  no he puesto ya mi cólera en efeto
                  con la venganza que a furor me mueve.

Lelio   Siempre el considerado y el discreto,
                  cuando por ser cobarde no se atreve,
                  sabe excusar mejor su cobardía
                  pavonando el temor con cortesía.

Filiberto   Eres menor que yo, y así no he hecho
                  estima de tu necio enojo y ira;
                  pero si alteras más el quieto pecho,

por ti, rapaz, y por tu vida mira.

Lelio
          Yo buscaré ocasión que satisfecho
me deje más que ahora, si retira
el ver mi padre enfermo mi venganza,
que si no, yo cumpliera mi esperanza.

(Vase.)

Filiberto
          Descomedido Amor, infame cuenta
de mi sangre y valor habéis hoy dado,
que mal hicisteis, voluntad exenta,
en pretender gozar sabor forzado.
Villano anduve; pero si violenta
su fuego Amor, sus penas el cuidado,
¿quién podrá resistir su pena fiera?
Gozárala yo y fuera como fuera.

(Salen lisauro, Candado, Diódoro y Verino.)

Lisauro
          Yo estimo, amigos, tanta cortesía
como es razón. Adiós, que me conviene
entrar en el palacio y señoría.

Candado
          Con cosquillas de celos mi aliso viene.

Verino
          La merced de mi padre es propia mía,
pues es mi sangre quien la estima y tiene
el fruto de ella.

Diódoro
                    Ya partió a Ferrara,
que a fugitivos de Venecia ampara.

Lisauro
          Hoy acudí al peligro y al recelo

de vuestro padre, y plega a Dios que sea
muy próspero el suceso, y le dé el cielo
lo que su casa y mi afición desea.
Adiós, amigos.

Verino   Tu amistad y celo
te prometo pagar siempre que vea
que hay ocasión, pues no faltará alguna
a quien sujeto vive a la Fortuna.

(Vanse Diódoro y Verino. Sale por el paño Filiberto.)

Lisauro (Aparte.)   (Filiberto está allí, llegar deseo
y no ofenderle, a prevenir mi daño.)

Filiberto (Aparte.)   (Paréceme que allí a Lisauro veo
y le he de hablar con amoroso engaño.)

Candado (Aparte.)   (Ningún suceso venturoso creo
que puede resultarme de este año;
enfrente están los campos, soy cobarde;
mejor es huir temprano que no tarde.)

(Vase Candado.)

Lisauro   ¿Oh, señor Filiberto?

Filiberto   ¡Oh, señor mío!
¿Qué se ha ofrecido en que serviros pueda,
que no me ha de faltar poder y brío,
y el mismo tiempo por testigo os queda?

Lisauro   De vuestra noble discreción confío
que a vuestra edad y mi esperanza exceda,

pues con justa razón toda Venecia
como a imagen del dux os ama y precia.

Filiberto

¿Ofrécese dineros, mercancías,
cédulas, cambios, créditos, fianzas?
Porque la industria y las riquezas mías
cumplieron siempre honestas esperanzas,
y más a vos, Lisauro, que ha mil días
que pretendo ocasiones y mudanzas
porque pueda ofrecérseos cosa alguna
en que alentar sucesos de Fortuna.
     Si en casos de favor y de justicia,
pretensiones o pleitos se ofreciere
ocasión y lugar, ya os doy noticia
cuánto el dux, mi señor, estima y quiere.

(Aparte.)

(El veneno mortal de mi malicia
le doy en vaso de oro, y si bebiere,
que quizá beberá, y tendrá experiencia
de lo que puede el interés, Fulgencia.)

Lisauro

Quisiera yo, señor, que vuestro intento
no fuera el que yo sé, porque pudiese
estimarse ese noble ofrecimiento
y ponerle el valor que mereciese;
pero como adivino el pensamiento,
recelo y temo que su blanco fuese
no el hacerme merced, como es la muestra,
sino otra alguna pretensión siniestra.
     Y por no atormentar con el secreto
vuestro dudoso pecho y mi memoria
que recelosa y mártir en efecto
ya desea la muerte o la victoria,
con confianza que tendréis secreto
como mi honor merece y vuestra gloria,

diré mi pena, mi pasión y enojos
poniendo en tierra los honestos ojos.

Filiberto   No sé qué pueda ser el accidente
que con tanta retórica y colores
es necesario se publique y cuente,
aunque el último fin fuese de amores.

Lisauro   Aunque se queja un mudo, es elocuente
y transforma en palabras sus dolores;
que el hijo del rey Creso, siendo mudo,
rompió la voz porque callar no puda.

Filiberto   Pensaréis vos, Lisauro, que paseo
por Efigencia, vuestra hija hermosa,
y que me muero de un traidor deseo
de gozar su beldad de amor ociosa.

Lisauro   Ojalá fuera así, que a lo que creo,
aunque me honrara a mí en ser vuestra esposa
igual es a la vuestra su nobleza,
si bien os aventaja la riqueza.
A mi esposa Fulgencia estoy muy cierto
que pretendéis quitar su honor y fama;
aunque no llegaréis al dulce puerto
que llama dueño a quien la estima y ama.
Suplícoos cortésmente, Filiberto,
mate el valor vuestra imposible llama,
y sin negarme la verdad, que es cierta,
jamás paséis aquella honrosa puerta.

Filiberto   Cuando yo enamorado pretendiera
de esa señora el amoroso gusto,
ningún respeto ni razón hubiera

que atajara mi amor, que en serlo es justo.
No será vuestra esposa la primera
que haya tenido pensamiento injusto
y que en ofensa de su noble esposo
haya cumplido algún deseo amoroso.

    No hay que poner al mundo ley ninguna,
sino guardar los ojos y el silencio
y estar contento con cualquier fortuna.
Pues yo la vuestra estimo y reverencio,
yo no pienso escuchar quien me importuna,
ni esos puntos de honor los diferencio,
ni los entiendo, que por buen respeto
les guardo a los casados el secreto.

Lisauro	Esa respuesta es bárbara y liviana, y a no estar en palacio y señoría, yo castigara la traición tirana de quien sin honra maltrató la mía.
Filiberto	Libre es mi voluntad, y fuerza humana no la puede torcer, como confía. Honraos de que a Fulgencia sirve y precia el hijo del dux noble de Venecia. Si yo quisiere cumpliré mi gusto, quedéis o no sin ese honor ligero, aunque mire Fulgencia más disgusto, que contra el oro no hay pechos de acero.

(Sacan las espadas.)

Lisauro	Ya, justiciero Amor, no será justo sufrir más este agravio.
Filiberto	¡Ay Dios, que muero!

Lisauro	Paséle el pecho, salga por la herida
	el alma que a mi honra fue atrevida.
	Dentro en palacio estoy, delito grave
	es el que he cometido; pero admito
	la muerte por la honra, que no sabe
	quien honras guarda recelar delito.
	Venecia se alborota; aquella nave
	partirse quiere, a nado solicito
	alcanzarla y huír, si no me anega.
	.... [-ega].

(Vase. Salen Lelio, Marcelo y otros.)

Lelio	Seguid al homicida, venecianos,
	que al hijo del dux vuestro tiene muerto;
	vuestra ley y estatutos soberanos
	ha roto, castigad su desconcierto.
	¿Será bien que se os vaya de las manos
	el que a las suyas deja a Filiberto
	la vida cara? ¿Iráse sin castigo
	quien del dux y la patria es enemigo?
	Su hermano soy, mi padre enfermo y viejo,
	faltándole el apoyo de su vida
	dará con ella en tierra siendo espejo
	de esta ciudad, por él tan bien regida.
	Si no os queréis privar de su consejo
	privad de libertad al homicida.
	¡Muera Lisauro y su arrogancia fiera!
	Seguidle, que se os va.

Todos	¡Lisauro muera!

Marcelo	Sosiega, Lelio, el alterado pecho,

que ya Venecia corre a la venganza
del que este agravio a su senado ha hecho,
y muestra que eres fuerte en la mudanza.

Lelio   Tan sosegado estoy y satisfecho,
Marcelo, como cierta la esperanza
que tengo de gozar en el ausencia
de Lisauro los brazos de Fulgencia.
    De las voces que doy, del sentimiento
que muestro, tan segura el alma queda,
que en ella viste galas de contento
si por de fuera el luto galas veda.
¿Nunca has visto llorar por cumplimiento
al hijo gastador que al rico hereda?
Pues yo también, llorando a Filiberto,
gracias ocultas doy al que le ha muerto;
    sin competencia, quedará por mía
de Fulgencia, Marcelo, la belleza;
los ruegos, amenazas y porfía
derribarán, al fin, su fortaleza,
su hacienda usurpará la señoría,
y mujer sin marido y con pobreza
ya está rendida.

Marcelo (Aparte.)   (¡Pensamiento vano!)

Lelio   Si la gozo, bien muerto está mi hermano.

Fin de la primera jornada

Jornada segunda

(Sale el duque de Ferrara y dos embajadores venecianos, y un Criado.)

Duque	Cumplióme el cielo el deseo que de las paces tenía con la ilustre señoría veneciana; y pues las veo puestas en ejecución, las condiciones acepto que habéis propuesto, y prometo guardarlas.
Veneciano I	Aquestas son que esta minuta declara.

Veneciano II	Vuestra excelencia, señor,
	conserve el antiguo amor
	que a los duques de Ferrara
	   la república ha tenido
	de Venecia, y manifieste
	que es el duque Alfonso de Este
	en quien ha resplandecido
	   el justo agradecimiento,
	virtud que el que es noble precia.

Duque	Mi padre fue de Venecia capitán, y en cumplimiento de su amor, es justo siga con mis armas y mi tierra su facción, y en esta guerra entre también en la liga.
Veneciano I	Su capitán general

os hace la señoría.

Duque

Yo haré que en la Lombardía
quede su nombre inmortal,
  por más que sus potentados
contra ella se confederen.

Veneciano II

Con Venecia poco pueden
sus escuadrones armados.

Veneciano I

  La principal condición
que habéis, señor, de guardar,
es que nunca habéis de dar
por ningún caso o razón
  favor a los foragidos
de Venecia, y los que están
en Ferrara se echarán,
dentro de ocho días cumplidos
  de todo el estado vuestro.

Duque

Así lo prometo y juro.

Veneciano I

Por tener aquí seguro
y estar tan cerca del nuestro
  vuestro estado, han sucedido
mil libertades y insultos
que tiene Ferrara ocultos,
hasta haber un foragido
  dado muerte a Filiberto,
hijo del dux.

Duque

          ¡Caso grave!

Veneciano II

Si acaso alguno de él sabe,

42

y le lleva, vivo o muerto,
   la señoría perdona
cualquiera delito o yerro,
alzando cualquier destierro
a quien le entregue en persona,
   y dándole juntamente
diez mil escudos.

Duque   Con eso
presto le llevarán preso,
porque en su busca la gente,
   si tan grande el premio es,
no perdonará lugar,
y mal se podrá escapar
buscándole el interés.
   A lo menos en mi estado
no será favorecido
él ni ningún foragido.

Veneciano I   Aqueso pide el senado.

Duque   Échese un bando esta tarde
de que salgan de Ferrara
cuantos defiende y ampara.

Criado   Haráse así.

Duque   El cielo os guarde.

(Vanse los venecianos.)

Duque   Las paces y la amistad
de Venecia le ha importado
a mi venturoso Estado

toda su seguridad;
    que es Venecia un enemigo
que a reyes pone temor,
y ha mostrado su valor
cuán útil es para amigo.

(Sale Lisauro con la espada desnuda.)

Lisauro   Excelentísimo Alfonso,
digno duque de Ferrara,
gloria de la sangre estense,
luz del mundo y Sol de Italia,
si el príncipe es aquel árbol
que el rey Nabuco soñaba,
a cuya sombra y favor
tantos se arriman y amparan,
príncipe eres y árbol noble,
en cuyas ilustres ramas,
contra borrascas de injurias,
amparo afligidos hallan,
ciudadano de Venecia
soy y blanco de desgracias.
Lisauro tengo por nombre
y mi desdicha por patria.
Nobleza heredé y hacienda,
que, aunque una y otra medianas,
aumenté con mercancías,
que dan su provecho avaras.
Dióme el cielo por consorte
la misma virtud y gracia;
hermosa para discreta,
y para mujer honrada.
De quince años logró amor,
por fruto y primicia casta,

44

una hija en la hermosura
y virtud su semejanza.
Vivimos los tres tres lustros
con la dulce consonancia
que hace la paz conyugal
entre dos conformes almas,
sin mezclar el descontento
su aborrecible cizaña
en los sembrados del gusto
que amor recíproco guarda.
Cansóse de esto la envidia,
y la ociosidad liviana
de la juventud lasciva
tocó contra mi honra el arma.
Filiberto, hijo del dux
de Venecia, dando entrada
a imposibles pensamientos
y inútiles esperanzas,
vio a mi Fulgencia, y siguióse
tras el verla desearla,
tras desear pretenderla
y tras pretender rondarla.
Porque como amor es yerro,
sus eslabones enlaza
de este modo, que los vicios
unos a otros se llaman.
Pero fue intentar Nembrot
escalar las naves altas,
llegar Tántalo a la fruta
y alcanzar sediento el agua,
el conquistar su firmeza
y combatir su constancia,
que no teme tiros torpes
.... [-a-a]

Llegó a tanto su licencia,
por ser su locura tanta,
que en mi ausencia pretendió...
¿dirélo, cielos?... forzarla.
Mas, como el vicio es cobarde,
prevalecieron las armas
de la virtud invencible;
echó a Tarquino de casa
más honrada que Lucrecia,
que no es disculpa una daga
a consentimientos necios
que de cualquier modo infaman.
Entré yo entonces en ella,
halléla triste y turbada,
recibióme con suspiros
y preguntando la causa
fue, si hasta allí en encubrirla
discreta, en decirla sabia,
que de algún modo consiente
mujer que a tal tiempo calla.
Pidióme que la sacase
de su peligro y mi patria,
conjuró mi justo enojo,
y como si se comprara
la paz a peso de perlas,
lloraron sus ojos tantas,
que las bebí para dar
con ellas píctima al alma.
Soseguéla y soseguéme,
que la ira desbarata
las leyes de la prudencia
y triunfos de la templanza.
Fui a buscar a Filiberto;
entré en el palacio y casa

del dux, llegué comedido,
pedí con nobles palabras
reprimiese intentos mozos,
cortando a esperanzas vanas
pasos que pisan honores
y lenguas que ofenden famas.
No obligó mi cortesía,
.... [-a-a]
que lo que al cuerdo refrena
al necio enciende y abrasa;
pues aun no me dio en respuesta
excusas acaloradas
con palabras comedidas
que valen hoy tan baratas.
Díjome, y para que yo
lo diga, pongo la cara
y los ojos en el suelo...
díjome, en fin, en mis barbas
que con pretender mi esposa
y con pasear mi casa
más honra que merecía
mi humilde sangre me daba;
que si el recato hasta allí
tuvo sus gustos a raya,
daría rienda desde entonces
a la pasión desbocada.
Juzga tú, príncipe invicto,
si a tan bárbaras palabras
y descorteses injurias
fuera la paciencia infamia;
volvió por mí la razón,
y desnudando las armas,
dos veces abrió salida
a su vida mi venganza.

Alborotóse Venecia,
y toda ella conjurada
contra mi honor defendido,
que al poder todos le amparan.
«Prendedle», decían a voces;
mas cuando en tropel llegaban
los ministros codiciosos,
arrojándoles la capa,
como a toros, de la hacienda,
tomé en la boca la espada,
y hecho mi sagrado el mar,
la vida entregué a sus aguas.
Llegué, a pesar de los tiros,
voces, góndolas, pedradas,
a una nave ginovesa
que a la boca de la barra
a los vientos daba velas
y dio ayuda a mi desgracia,
deuda al agradecimiento
y a su valor nuevas alas.
Llegué a Rovigo, y en él,
rindiéndole justas gracias,
pedí me echasen a tierra,
parando al fin en Ferrara,
asilo de desdichados,
porque de mi esposa amada
el amar, no da licencia
que me aleje de mi patria.
De toda mi larga hacienda
solo me queda esta espada
y esta vida, excelso duque,
que de tu sombra se ampara;
empléala en tu servicio
y defiende la venganza

de un agraviado marido
y una mujer injuriada.

Duque   No hay para un hidalgo pecho
cosa más dura y pesada
como el ver necesidades
y no poder remediarlas.
La vuestra me ha enternecido
de suerte, que si llegara
no ha media hora a mi noticia,
no admitiera por su causa
las paces que ha establecido
la señoría veneciana
conmigo, aunque de no hacerlas
mi persona aventurara.
Una de las condiciones
prometidas y juradas
es no admitir foragidos
y mandar que luego salgan
cuantos están de Venecia
en mis estados; ahora acaban
de irse los embajadores.
Culpad a vuestra desgracia
y guardad vuestra persona,
porque al que la entregue, mandan
diez mil escudos de oro,
perdonan delitos y alzan
cualquiera pena y destierro.
Ciudades hay en Italia
donde podéis, disfrazado,
esperar en las mudanzas
del tiempo y de la fortuna,
porque en toda esta comarca
os buscan diez mil escudos,

y uno para hallarlos basta.
Corrido estoy por ser ésta
la primera vez que hallan
necesidades de vida
en mí las puertas cerradas.
Mas, para aliviar en parte
las que la pobreza os causan,
que a las de la misma muerte
o se aventajan o igualan,
tomad aqueste diamante,
y perdonad que le faltan,
cuando no puedo dar obras,
al sentimiento, palabras.

(Vase el duque.)

Lisauro   ¡Oh generoso valor
qué bien disfrazado dejas
con dádivas tu rigor,
pues abres puertas á quejas
y echas candados de amor!
   Despides y favoreces,
niegas para consolar,
y si severo pareces
con una mano al negar,
diamantes con otra ofreces.
   Mi desdicha me destierra,
no tu valor celebrado,
que, como ella me hace guerra,
vengo a ser tan desdichado
que aun no me admite la tierra.

(Sale Candado.)

Candado	En busca de mi señor
	salgo huyendo de Venecia,
	donde el popular furor
	muestra lo mucho en que precia
	al interés bullidor.
	No sé dónde irle a buscar;
	mas no hay cosa que más sobre
	en cualquier parte o lugar
	que el hombre necio y el pobre.
	Oobre es, yo le vendré a hallar.
Lisauro	¡Candado!
Candado	¡Miren qué presto
	pareció! ¿Qué haces aquí,
	si el precio sabes que ha puesto
	Venecia, y que anda tras ti
	por acá el vulgo molesto?
	Huye, quedan un tesoro
	a quien te llevare allá,
	y el interés sin decoro
	ya ves cómo correrá
	con diez mil pies, y esos de oro.
Lisauro	No hagas caso de mi vida;
	de mi Fulgencia me di.
	¿Llora mucho? ¿está afligida?
Candado	Ya lo ves, como sin ti,
	sin hacienda y perseguida
	no le ha dejado un rincón
	la justicia en que vivir.
Lisauro	¿Tales mis contrarios son?

Candado	Ni una cama en que dormir.
Lisauro	¡Ay prenda del corazón!

Candado	Con una hija casadera
	a cuestas, ya tú verás
	lo que teme y lo que espera,
	la que ya no tiene más
	de esta hacienda. Si ella fuera
	    madre al uso no quedara
	tan pobre, que puesta tienda
	su daño no remediara,
	pues no es la peor hacienda
	una hija de buena cara.
	    ¡Mas bonita es mi señora,
	en medio de su pobreza!
	Solo tus peligros llora,
	siendo un mármol en firmeza.

Lisauro	No en vano el alma la adora. Mas deudos tiene presentes que la acudan.

Candado	¡Desatino
	indigno de hombres prudentes!
	Siempre el pobre es peregrino
	que está sin tierra y parientes.
	    Si se quiere socorrer
	de sus parientes, Fulgencia,
	aunque más llegue a tener,
	negarán la descendencia
	de Adán, por no la valer.
	    No fíes de su favor

ni esperanza de ellos cobres,
porque igualmente el mejor
recibe, cuando son pobres,
deudos y deudas, señor.

Lisauro   Si esos faltan, allá dejo
amigos que acudirán
a mi esposa.

Candado   Mal consejo
tus esperanzas te dan.
¿El amigo no es espejo
  de su amigo?

Lisauro   Y muy seguro.

Candado   Pues si es espejo el más fiel,
como de ti conjeturo,
¿podráste mirar en él
puesto el espejo en lo escuro?
  Di que no, no estés perplejo.
Pues así es la amistad,
porque el amigo más viejo,
en viendo la oscuridad
del trabajo, no es espejo.

Lisauro   Candado, ya la amistad
de la corte se retira
al destierro y soledad
que allá reina la mentira
y aquí vive la verdad.
  No me espanto que haya hallado
mi desdicha ayuda en ti,
que es tu patria el despoblado,

y a la amistad como a mí
noblemente has hospedado.
　　Yo he de volver aunque muera
a Venecia, por sacar
mi esposa querida afuera;
trazas sabe el amor dar
para todo.

Candado　　　　　　　Ésa es quimera.

Lisauro　　　　　Muchas hace el firme amante.

Candado　　　　　Señor, tu intento reporta.

Lisauro　　　　Con un disfraz importante
probaré mi dicha corta,
y si vendo este diamante,
　remediaré de algún modo
de mi esposa el mal sin tasa.

Candado　　　　　A seguirte me acomodo.

Lisauro　　　　Es ciego, por todo pasa
amor y lo abrasa todo.

(Vanse. Salen Fulgencia y Efigencia.)

Efigencia　　　　Siquiera por el amor
que me tienes, será bien
que treguas tus ojos den
a tu llanto y mi dolor.
Mira que tengo temor
que, siendo de ti homicida,
he de quedar combatida

de quien tu fama atropella.
Cuando no por mí, por ella
es bien conservar tu vida.
    Si el peligroso recelo
de mi padre te acobarda,
no temas, pues, que le guarda
su razón y el justo cielo.
Si te causa desconsuelo
el dejarme a mí en pobreza
desigual a tu nobleza,
eso no te dé temor,
pues para dote el mejor
es tu invencible firmeza.

Fulgencia   ¡Ay Efigencia, retrato
del padre que el ser te dio,
su discreción te dejó,
que es de tu virtud ornato!
¿Qué importa que el tiempo ingrato
y aquesta persecución
haya hecho ejecución
en mis bienes, males ya,
pues quitarte no podrá
bienes que del alma son?.
    Tu discreción resucita
mi esperanza con pensar
que no la puede quitar
el que la hacienda nos quita.
La crueldad nos necesita
de Lelio, mas será vana
su intención necia y tirana,
porque contra su torpeza
es mi honra fortaleza
que por hambre no se gana.

Efigencia	No digas de Lelio mal,
	madre, si me quieres bien,
	que, aunque es justo tu desdén,
	le tengo amor inmortal.
	Cuando casi era su igual
	en hacienda y en valor,
	del alma le hice señor,
	deseando ser su prenda;
	hanos quitado la hacienda
	y hame dejado el amor.
	Sin la hacienda no me atrevo
	a decirle que le adoro,
	que amor caza con el oro
	que en las flechas trae por cebo;
	callando su rigor pruebo,
	que el Amor que está desnudo,
	si es ciego, también es mudo,
	y si a ti se manifiesta,
	una voluntad honesta
	es la que obligarme pudo.
Fulgencia	Pero ¿qué es esto? ¡ay de mí!
	A su combate ordinario
	viene mi torpe contrario.

(Salen Lelio y Marcio.)

Efigencia (Aparte.)	(¡Ojalá fuera por mí!)
Lelio	Marcio, Fulgencia está aquí,
	ya tiemblo y desconfío.
	Amado tormento mío,
	¿hasta cuándo imitarás

en no volver paso atrás
al tiempo veloz y al río?
   En la tormenta aligera,
quien no se quiere anegar,
la nave, arrojando al mar
la hacienda, que su muerte era.
Bella ingrata, ¿quién creyera
que echando al mar mi venganza
tu hacienda, menos bonanza
hallara en ti mi deseo,
pues cuando estás pobre veo
que se anega mi esperanza?
   Háblame, que me maltratas
en silencio; amada fiera,
dame palabras siquiera,
pues valen hoy tan baratas.
Piedra muda que me matas
callando por que pregone
tu crueldad; mas ¿quién me pone
temor? Seré mi homicida,

(Saca la daga.) quizá al quitarme la vida
me dirás Dios te perdone.

Marcio   Lelio, ¿estás loco?

Efigencia   Señor,
sosegaos, que no sabéis
cuantas vidas quitaréis
si os mata vuestro furor.

Lelio   ¿Qué, no te obliga mi amor
ni su hidalga cortesía,
bronce duro, piedra fría?
Dame una mano no más,

que con ella aplacarás
parte de la pena mía.
   Ni que a Lisauro se ofenda
ni que tu honor pierdas pido,
yo te daré a tu marido;
yo te volveré tu hacienda
si me das, hermosa prenda,
una mano.

Efigencia (Aparte.)   (En ella os diera
el alma yo, si pudiera.)

Lelio   ¿Qué rigor te enmudeció?
Háblame y dime de no
porque consolado muera.
   Si con lágrimas me venzo,
ten lástima de que llora
un hombre.

Marcio   Acabad, señora.

Lelio   De nuevo a penar comienzo
mi bien, mi mal.

(Sale Lisauro como mercader con una caja como portugués y muchas cintas de colores, y Candado detrás como lencero con un fardo.)

Candado   ¿Compran lienzo:
Cambray, Ruán, Caniguí?

(Habla Candado aparte a Lisauro.)

Mira cuál ando tras ti.

Lisauro	El amor todo es quimeras.
	¿Compran tocas, tranzaderas?
(Aparte.)	(¿Qué es esto, triste de mí?
	Lelio mi afrenta procura
	y mi esperanza alborota,
	y continuada una gota
	traspasa una peña dura.)
Lelio	Con una mano asegura
	mi amor, tu esposo y hacienda.
Marcio	Dale una mano por prenda
	de que tu rigor se ablanda.

(Métese Candado por en medio de los dos.)

Candado	¿Compran tocas, lienzo, Holanda?
Lelio	Nunca falta quien me ofenda.
	Andad con Dios, que no hay
	quien lienzo haya menester.
Lisauro	¿No mandástedes ayer
	que os trujese hoy el cambray?
Fulgencia	¡Ay, cielos!
Efigencia	¿De qué es el ay?
Fulgencia	Lisauro y Candado son
	causa de mi confusión
	y de su muerte si aquí
	los conocen. ¡Ay de mí!

Efigencia	Disimula tu pasión, pues que vienen disfrazados.
Lelio	¿De qué es, Efigencia, el susto de mi bien?
Efigencia	Todo es disgusto de los presentes cuidados. Como en los tiempos pasados se vio tan rica, y ahora tan pobre se ve que ignora de dónde puede sacar dineros para comprar un poco de lienzo, llora.
Lelio	¿Por eso no más? Comprara una lágrima mi amor derramada en mi favor, aunque mi hacienda empeñara. ¿Que hacéis? Ocupad la vara; comenzá a medir las dos.
Lisauro	¿Habéislo de pagar vos?
Lelio	Medid; no os dé eso cuidado.
Lisauro (Aparte.)	(¿Daréle muerte, Candado?)

Candado	Midamos, ¡cuerpo de Dios!
	    ....
	    ....
	    ....
	    ....
	    ....

.... [-ida]
Y advierte que sin medida
te pierdes, si no reparas
que vendiendo el lienzo a varas
pasas a dedos la vida.

Lisauro   Aquésta, señora, es caza.

(Hablan aparte Fulgencia y Lisauro.)

Fulgencia   Mi bien, en balde será
la que el interés me da.

Lisauro   Sí, pero mucho adelgaza.

Fulgencia   Tiene muy bellaca hilaza.

Lisauro   ¿Quién?

Fulgencia   Nuestro perseguidor,

Lisauro   ¡Ay, dulce esposa!

Fulgencia   ¡Ay, amor!

Lisauro   ¿Cómo estáis?

Fulgencia   Como sin ti.

Lisauro   ¿Pobre y perseguida?

Fulgencia   Sí.

Lisauro   ¡Sin hacienda!

Fulgencia	Y con honor.
	....
	....
	....
	....
	....
	Calla, mi bien.
Lisauro	Desespero.
Marcio	El dinero es un tercero
	que el bronce más duro ablanda.
	Con achaque de la holanda
	la puedes dejar dinero,
	y partirte satisfecho
	de que su amor gozarás,
	que hasta recibir no más
	resiste el más firme pecho;
	pues que lo más tienes hecho,
	lo menos traza y ordena.
	Pagad con esta cadena
	y estos doblones ahora
	el lienzo, y después, señora,
	con menos crueldad mi pena.

(Echa encima del fardo la cadena y un bolsillo, y vanse Marcio y Lelio. Lisauro toma el dineroy cadena en la mano y dice.)

Lisauro	¡Oh, mal haya el inventor
	que del centro de la tierra
	sacó para hacernos guerra
	tu peligroso valor!
	Pestilencia del honor,

por ver lo que al mundo dañas
te echó a cuestas mil montañas
naturaleza propicia;
pero la infernal codicia
te sacó de sus entrañas.
   Como abortivo has nacido
abriendo el vientre en que naces,
que eres mal nacido y haces
las obras de mal nacido.
El color tienes perdido,
que es propiedad del traidor
andar siempre con temor,
por eso de ti sospecho
que por los males que has hecho
naces perdido el color.
   Si eres fuego que a abrasar
vienes mi fama y sosiego,
para matar tanto fuego
necesario es todo un mar,
En él te quiero arrojar;

(Arrójalo todo al vestuario.)

sus aguas quema y abrasa,
que si la pobreza escasa
te da hospedaje y consiente,
tú eres tal, que brevemente
te alzarás con honra y casa.
  ¡Esposa del alma mía!
¡Efigencia de mis ojos!

Fulgencia   ¡Dulce paz de mis enojos!

Efigencia   ¡Centro de nuestra alegría!

Lisauro	Lelio combate y porfía,
	poco importa ser Lucrecia,
	si al fin Tarquino se precia
	de que fue su violador.

Fulgencia	Pues ¿qué remedio?

Lisauro	El mejor
	es sacarte de Venecia.

Fulgencia	Esto ¿cómo será ansí,
	si a mi casa ha puesto guarda
	la señoría, que aguarda
	prenderte, mi bien, por mí?
	No te detengas aquí,
	ni ofenda tu pensamiento
	más mi casto y noble intento,
	que dando a mi honor quilates
	seré contra sus combates
	roca al mar y torre al viento.
	¿Dónde piensas ampararte
	de diez mil contrarios mudos,
	digo, de diez mil escudos,
	mi bien, que van a buscarte?
	¿Tendrá el mundo alguna parte
	donde puedas esconderte
	del oro que va a prenderte?

Lisauro	Sí, Fulgencia; mi sagrado
	es la lealtad de Candado,
	asilo contra la muerte.
	A pesar del interés,
	su casa me da favor.

Candado	Disfrazado de pastor por verte, vengo cual ves, hecho un asno portugués.
Fulgencia	Ejemplo de lealtad serás.
Candado	Prólogos dejad y vámonos, que es cruel el peso de este fardel.
Lisauro	Este diamante tomad, Fulgencia, porque en la fe de vuestra lealtad se engaste, que no habrá quien os contraste si le imitáis; dueño fue suyo un duque en quien se ve la magnificencia rara de su sangre ilustre y clara, y yo espero, esposa, en Dios, que tendrá el valor en vos que en el duque de Ferrara. ....[-ida] .... [-ida]
Fulgencia	¿Qué? ¿Os vais, señor de mi vida?
Lisauro	A veros vendrá Candado cada día.
Fulgencia	Con cuidado quedo, hasta saber que estáis

libre del riesgo en que vais.

Lisauro Mayor el vuestro me ha dado.
        ¿Dejaréisme?

Fulgencia   Es imposible.

Lisauro ¿Si os persiguen?

Fulgencia   Resistir.

Lisauro ¿Hasta cuándo?

Fulgencia   Hasta morir.

Lisauro ¡Gran fortaleza!

Fulgencia   Invencible.

Lisauro ¡Que os dejo!

Fulgencia   ¡Pena terrible!

Lisauro ¡Que os quedáis!

Fulgencia   Quedáis en mí.

Lisauro ¿Sois mi esposa?

Fulgencia   Mi bien, sí.

Lisauro ¿A quién amáis?

Fulgencia   Solo a vos.

Lisauro	¡Ay mi bien, adiós!
Fulgencia	Adiós.
Candado	¡Compren lienzo, caniquí!

(Vanse.)

Fin de la segunda jornada

Jornada tercera

(Salen Lisauro de labrador y Candado.)

Lisauro   No pongo en cosa, Candado,
mi gusto que me le dé;
contra mí se ha conjurado
todo el mundo, ¿adónde iré
para no ser desdichado?
   Que la amistad ponga trato
con el interés, ya ha sido
ley del mundo sin recato
no me espanta del olvido
del amigo que es ingrato.
   Pero que también persigan
las cosas inanimadas,
a un desdichado, y que sigan
leyes en vicio fundadas,
que a la ingratitud obligan,
   esto me asombra y me espanta;
hasta la tierra que piso
parece que se levanta
contra mí. Cuanto diviso,
aire, fruto, piedra, planta,
   parece que se conjura
y con semblante inclemente
huye de mi desventura.
Para mí llora la fuente
cuando reírse procura.
   Ya en tu casa me aborrecen
tus hijos y tu mujer;
mis desdichas lo merecen.

Candado   ¿Pues qué hicieran a saber

quién eres y lo que ofrecen
   los que tu ventura escasa
persiguen?

Lisauro
      Tu esposa dice
que desde que entré en tu casa
cuanto tiene es infelice:
los trigos el cierzo abrasa,
   cómese el lobo al ganado,
y, en fin, viñas, prados, gente,
todo por mí ha desmedrado.

Candado
     Parécense extrañamente
la tiña y el desdichado.
   Como es la mala fortuna
tiña y peste, donde llega
no deja cosa ninguna,
sarna que luego se pega
su contagión importuna.
   Pero si en tiempo apestado
se conoce la lealtad
del amigo y del criado
y es peste tu enfermedad,
no te ha de dejar Candado,
   por más que el tiempo cruel
apartarme de ti crea,
pues cuando por ti y por
él, rico y dichoso no sea,
a lo menos seré fiel.
   Candado soy y cerrado
para guardarte, y aunque eres
infeliz y desdichado,
mientras que tú no la abrieres,
mi lealtad va con candado.

Mira del modo que intentas
favorecer a tu esposa;
porque con nuevas tormentas
la riqueza poderosa
maquina trazas violentas.
    Lelio, que por bien no alcanza
la posesión de su amor,
abre puerta a la venganza,
y en los brazos del rigor
alimenta su esperanza.
    Porque no pueda salir
de Venecia, hace guardar
su casa, sin permitir
irla nadie a visitar.

Lisauro   Menos mal fuera morir.
                     Pues ¿qué come, si es que tiene
                 ya mi esposa que comer?
                 Todo contrario me viene;
                 ¿luego no podrá vender
                 el diamante?

Candado   Ni conviene,
                     que quien le quitó la hacienda
                 mejor quitará el diamante.

Lisauro   ¡Ay cara y hermosa prenda!
                 Muera tu esposo delante
                 de tus ojos y no ofenda
                     mi desdicha de esa suerte
                 tu constancia no rendida;
                 yo voy a morir y a verte,
                 que por remediar tu vida
                 quiero que me den la muerte.

Candado	¿Estás sin seso, señor?
Lisauro	Morir quiero.
Candado	Desear la muerte más es temor y flaqueza que alcanzar nombre digno de valor.
Lisauro	¿No podré ver a Fulgencia otra vez dando disfraz que me lleve a su presencia?

Candado	Nunca el capitán sagaz
	tienta, si tiene prudencia,
	  la fortuna poco fuerte
	dos veces, porque si funda
	en la primera su suerte,
	suele estar en la segunda
	la celada de su muerte.
	  Yo iré a Venecia cual suelo,
	que soy menos conocido
	y me es más piadoso el cielo.
	Del carbón que hemos cocido
	haré cargas, venderélo,
	  y dándole el precio de él
	a Fulgencia, que conmigo
	no será Lelio cruel,
	ni creerá que a un su enemigo
	cubre mi tosco buriel.
	  Dándome entrada segura
	remediaré su pobreza,
	daré alivio a su hermosura,

y alentaré su firmeza
mientras tu destino dura.
   Esto quiero, y es razón
que aqueste gusto me des.

Lisauro   ¡Ay leal Efestión!
Ni te vence el interés
ni te obliga la opinión
   de la fingida amistad;
quisiera Alejandro ser
para pagar tu lealtad.

Candado   El carbón voy a poner;
hoy entrará en la ciudad,
   sufre tu infeliz estado;
que aquél, si fuere animoso
estará, aunque despreciado,
más cerca de ser dichoso
que fuese más desdichado.

(Vase.)

Lisauro   Correspondencias y tratos
en Italia tenía yo,
con mercaderes que, ingratos,
la necesidad buscó
sus partidas y contratos.
   Pues si es verdad lo que digo,
los amigos, ¿dónde están,
que siempre andaban conmigo?
Mas las hormigas no van
a las eras si no hay trigo.
   El que ve la golondrina
en el verano labrar

casa firme, ¿no imagina
cuán de asiento quiere estar
por su huéspeda y vecina?
    ¿No parece el nido eterno
que ha fortalecido tanto?
¿No le alegra el canto tierno?
Pues nido, hospedaje y canto
todo lo deja al invierno;
    que me quejo, pues, en vano
si mi invierno va conmigo.
Faltó el Sol y faltó el grano;
si es golondrina el amigo,
él volverá en el verano.

(Sale Verino y Diódoro.)

Verino   El duque de nuevo ha echado
de Ferrara a los bandidos
que Venecia ha desterrado;
y así somos compelidos
a sacar de aqueste estado
    a nuestro padre Honorato,
cuya vejez afligida
remediar, Diódoro, trato.

Diodoro   ¿Cómo, si contra su vida
se conjura el cielo ingrato?

Verino   Rico en Ferrara vivía
con el crédito y hacienda
que por Lisauro tenía,
cuya nobleza no ofenda
jamás la Fortuna impía.
    Pero hala vuelto a perder

como el crédito ha faltado
de Lisauro, y no ha de haber
otro Lisauro estimado
que le vuelva a socorrer.
    También él anda por todo
desterrado y afligido,
y, aunque donde habita ignoro,
por su vida ha prometido
diez mil escudos de oro
    el veneciano senado,
volviendo a la patria y tierra
a cualquiera desterrado
que le lleve.

Lisauro (Aparte.)   (¡Tanta guerra,
cielos, contra un desdichado!
    Pero ¿qué es esto? ¿No veo
a Diodoro y a Verino?
O me engaña mi deseo
o en ellos el favor vino
que en otros hallar no creo.
    A su padre di la vida
con la hacienda y libertad
que ahora lloro perdida.
¿Es mucho de esta amistad
que los réditos les pida?)
    Quiero llegar.

Diodoro   Avisado
está mi padre que aquí
venga a hablarnos.

Lisauro (Aparte.)   (Ea, cuidado,
¿qué teméis? ¿Llegaré? Sí

Mas no, que soy desdichado.
    Y aunque Verino y Diodoro
de mi amistad son testigos,
lo que en ellos tengo ignoro,
que más querrán por amigos
diez mil ducados de oro.)

Diodoro   ¿Eres Lisauro?

Lisauro   Solía;
ya soy pelota del tiempo
que hasta el cielo subía
sirviendo de pasatiempo
a la Fortuna algún día.
    Ya me ha abatido de traza
que, despedazada y rota,
según lo que me amenaza,
si del tiempo fui pelota,
ya soy de la muerte chaza.
    De cuantos amigos tengo,
o por mejor decir, tuve,
solo a descubrirme vengo
a los dos. Dudoso estuve;
mas ya mi dicha prevengo
    en vosotros, que el valor
que os ilustra y ennoblece
y el ofrecido favor
a vuestro padre, merece
que satisfagáis mi amor.

Verino   La mayor satisfacción,
Lisauro, es la natural;
a esto inclina la razón
y la deuda filïal,

que es precisa obligación.
   Mi padre está desterrado;
a quien te lleve a Venecia
vivo, el destierro han alzado;
en tanto, Lisauro, precia
darte la muerte el Senado.

(Cógenle por detrás y átanle a un árbol.)

Diodoro   Perdona, que a la amistad
siempre el amor se antepone
del padre.

Lisauro   ¡Ah infames! Soltad,
si no queréis que pregone
la fama vuestra crueldad.
   Siquiera por descubrirme
a los dos y por fiarme
de vuestra lealtad no firme
habíades de guardarme,
no prenderme y perseguirme.

Verino   Somos hijos; el amor
puede más que la amistad;
mi padre pide favor.

Lisauro   ¿Y esto es darle libertad?
Infamia diréis mejor,
   y si a la experiencia llego
de ver pagar mal por bien,
desde hoy diga el vulgo ciego:
«Haz mal sin mirar a quien,
haz bien y guárdate luego.»

(Sale Honorato.)

Honorato
Aquí mis hijos dijeron
que me esperaban.

Lisauro
Atad
manos que tan sueltas fueron
que su hacienda y libertad
av uestro padre ofrecieron.

Honorato
Hijos, ¿qué es esto?

Diodoro
Señor,
ya el cielo ocasión ha dado
con que, por nuestro favor,
a Venecia restaurado
goces tu hacienda y valor.
El senado ha prometido
libertad al que entregare
a Lisauro foragido
y vivo allá le llevare.
Hánosle el cielo ofrecido
aquí, y aunque formes quejas
de que le pagamos mal,
deudas y amistades viejas,
la obligación natural
nos cierra al fin las orejas.

Honorato
¡A poder desengendraros,
infames, por honra mía,
el ser volviera a quitaros
que os di! ¡Maldito sea el día
que hijos pude llamaros!
¿La vida que tengo yo

y la vuestra no es toda una?
Pluguiera al cielo que no,
a pesar de la Fortuna.
¿Lisauro no me la dio?

　　Pues ¿será paga debida,
desconocidos, villanos,
que vida que dio la vida
a un padre y a dos hermanos
hoy por ellos sea vendida?

　　¿La vida ponéis en venta
de Lisaura? ¿La lealtad
del mundo que honrarle intenta?
¿Esto es darme libertad
o es darme perpetua afrenta?

　　¿Con qué cara podré yo
a mi patria restaurado
ir? Éste es quien vendió
ingratamente al senado
al que la vida le dio.

　　¿Ya tenéis las lenguas mudas?
Pero si, que en tales tratos
os convencerán mis dudas;
símbolos de los ingratos,
con vosotros ya hay tres Judas.

　　¿Quién pudiera con dos lazos
daros la muerte como a él?
Desate mi amor los brazos,
Lisauro, de este cordel
para que me den abrazos.

(Desátale y dale una espada.)

　　Y para que aquesta espada
cobre venganza debida,

su muerte es bien empleada.
No son mis hijos, la vida
les quitad ya deshonrada.

Lisauro

A tal nobleza y valor
no hay satisfacción ni precio.
Con los brazos es mejor
pagaros. El celo necio
de vuestros hijos fue amor.
Y aunque no hay obligación
natural por quien la cuadre
a hacer al hijo traición,
hijos de tan noble padre
merecen por él perdón.
Yo os le doy, escarmentado
en mí mismo; y porque siente
pena y vergüenza el culpado
siempre que tiene presente
a persona que ha injuriado,
quiero con vuestra licencia
partirme.

Honorato

Cifróse en vos
la lealtad y la prudencia.

Lisauro   Amigos, adiós.

Honorato   Adiós.

Lisauro   ¡Ay mi querida Fulgencia!

(Vase.)

Honorato   Quitaos delante de mí

afrenta de la virtud,
y de la sangre que os di,
centro de la ingratitud,
y no os llaméis desde aquí
　　mis hijos, que no merece
tal nombre vuestra traición.

Verino　　　　　Cordura el callar parece
que convence la razón.

Diodoro　　　　Y la traición enmudece.

(Vanse. Salen Lelio y Marcio.)

Lelio　　　　　　　　He publicado que Lisauro es muerto
y por Venecia corre aquesta fama,
tanto que no hay persona que por cierto
no la publique.

Marcio　　　　　　　　　　　¡Pobre de quien ama!

Lelio　　　　　　Antes espero así salir al puerto
de mi esperanza y obligar mi dama
a que, muerto su esposo y mi enemigo,
su mal remedie por casar conmigo.
　　Fingiré desposarme en secreto,
que en público, recién muerto su esposo,
querrá guardarle el luto y el respeto
a las lenguas del vulgo licencioso;
y si una vez mi amor pongo en efecto
y aplaco aqueste fuego riguroso
que entre esperanzas leves, entretengo
gozo a Fulgencia y a mi hermano vengo.

| Marcio | La traza es extremada, aunque indecente |
| | a tu valor. |

Lelio	¿Decencias, Marcio, pides?
	¿No sabes que es amor guerra inclemente
	y que en guerra son lícitos ardides?
	No repares en ese inconveniente
	si con la vara del peligro mides
	el que corre mi vida en verdes años,
	si a Fulgencia no gozan mis engaños.
	Aquí sus ojos vierten el tesoro
	de las Indias del sur de su hermosura
	por su fingido muerto; aquí la adoro,
	y aquí mi amor su libertad procura.

Marcio	Quien llora perlas, si con lienzos de oro
	enjuga el llanto, juzgará aventura
	por quien el oro la ofreció el verterlas,
	porque son muy parientes oro y perlas.
	Pero a Efigencia, que a su madre imita
	en la virtud, belleza y en el llanto,
	sale al encuentro.

(Sale Efigencia.)

Efigencia (Aparte.)	(Amor, ¿cómo no os quita
	el poder que tenéis tormento tanto?
	¿Al que mató a mi padre y solicita
	a mi madre adoráis? ¡Parece encanto!
	Un padre muerto lloran mis desvelos;
	Lelio me causa amor, mi madre celos.
	Pero presente tengo a mi enemigo,
	si así llamar a quien adoro puedo.
	Amor enredador, sed vos conmigo,

que me importa la vida cierto enredo.)

Lelio   Bella Efigencia, si por vos no obligo
a vuestra madre, sin remedio quedo.
Vuestro padre murió; Fulgencia hermosa
os pude remediar siendo mi esposa.

Efigencia   Débéisme, Lelio, tanto, que he antepuesto
a mi difunto padre vuestro gusto;
mi madre por mi causa...

Lelio   Decid presto.

Efigencia   En medio de sus penas y disgusto
admite vuestro amor casto y honesto.

Lelio   ¡Oh nueva venturosa, oh premio justo
de Jacob por Raquel perseverante!
¡Oh venturoso fin de un firme amante!

Efigencia   En respuesta del vuestro, Lelio, envía
este papel, no de su propia mano,
que no quiere dar muestras en un día
tan grandes, que su amor llaméis tirano;
pero bastan que vengan de la mía.

Lelio   ¡Qué tal escucho, cielo soberano!

Marcio   ¿No te lo dije yo? ¿Ves como el oro
enjuga perlas?

Lelio   De contento lloro.

Efigencia   Este diamante solo que ha quedado

perseverante entre la mucha hacienda
que nos hizo quitar dux y senado,
sin que su amor permita que se venda,
también os le presenta.

Lelio
                              ¡Ya he llegado
al colmo de mi dicha! ¡Oh rica prenda!
No por la clara luz que en ti el Sol cría,
sino por el valor de quien te envía
    la boca pongo en ti una y mil veces.

Efigencia
Fue la joya primera que mi padre
la dio, y en fe que suceder mereces
en su amor y lugar, la da mi madre.

Lelio
    Esta cadena toma, pues me ofreces
tal dicha, tanto bien; y porque os cuadre
mi gozo a todos; escuchad ahora
lo que escribe Fulgencia, mi señora.

(Lee.)
«A tanta perseverancia vuestra y desdicha
mía no me puedo persuadir sino que el
cielo está de vuestra parte y quiere que,
muerto mi señor y esposo, sucedáis en su
lugar y amor. Temeridad será el resistirle;
mas solo os suplico deis lugar a que el
sentimiento y luto cumpla con la obligación
que le tengo y con las lenguas del vulgo,
que bien podéis entretener deseos con
esperanzas tan ciertas como la firmeza de
este diamante, única prenda y bien estimada
de mi primer esposo y ahora del que ha de
serlo segundo. No escribo de mi mano,
porque hasta dárosla tiembla de vergüenza.

Guárdeos el cielo y hágaos más dichoso que
vuestro antecesor. Vuestra, Fulgencia.»

  ¡Oh letras venturosas, breve suma
de la vitoria que mi dicha pinta!
¡Bendiga el cielo al que inventó la pluma,
el que el papel halló, letras y tinta;
jamas el tiempo viciador consuma
su nombre ilustre, sino que en sucinta
y breve historia en bronce esculpa y grabe
su nombre ilustre y su memoria alabe!

Marcio   A tu dama celebra y deja ahora
las letras, el papel y su alabanza.

Lelio   ¿Que Fulgencia, Efigencia, es mi señora?
¿Que el premio ofrece ser de mi esperanza?
A no temer el alma que la adora
los daños y el rigor de una tardanza,
perdiera el seso quien su amor contempla.

Efigencia   Por eso el gusto con pesares templa;
pero no tanto, Lelio, que te impida
el hablarla esta noche; si la ruegas
que de la Luna el resplandor despida,
y, pues Amor es ciego, venga a ciegas,
yo haré que a una ventana prevenida
puedas hablarla, si a las doce llegas
con la traza que pide el que es discreto.

Lelio   Solícito vendré, solo y secreto.

Efigencia   Pues vete ahora, y quita inconvenientes
de quien aquí te viere tan contento.

Lelio	Bien dices; tus consejos son prudentes, grande es; mi obligación, un casamiento ilustre te prometo. Adiós.

(Vanse Lelio y Marcio.)

Efigencia	No intentes
	darme otro esposo sino el que yo intento,
	que es a ti mismo. Amor ciego y desnudo,
	a enredos ciegos das un ciego nudo.
	   Adoro a Lelio, y finjo que mi madre
	por esposo le admite, cuando llora
	más que Aganipe por mi muerto padre,
	y más que por Memón la fresca Aurora.
	En su nombre escribí, que aunque me cuadre
	fama y nombre, desde hoy, de enredadora,
	ya sabemos que amor no tiene hazañas,
	sino solos enredos y marañas.
	   El diamante la hurté, que, en fin, no es nuevo
	ser ladrón el Amor; si a ser mi esposo
	le obligo, aquesta noche el premio llevo
	que merece un ingenio cauteloso.
	Quiérole mucho. A mucho, Amor, me atrevo.
	Grande es mi ingenio, pero provechoso;
	pues si es mi dueño Lelio, de Lisauro
	guardo el honor y su valor restauro.

(Vase. Salen Julio y Decio y Candado asido.)

Julio	De Lisauro sois criado y cómplice en su delito.
Candado	Lo primero yo lo admito, lo segundo os ha engañado;

| | por que yo ni a nadie he muerto |
| | ni hice tal bellaquería. |

Decio   ¿No huisteis con él el día
que dio muerte a Filiberto?

Candado   ¡Válanos Dios! Yo no huí,
sino viendo que quedaba
sin amo y que, se escapaba,
a mi aldea me volví,
   y ahora traigo carbón
que vender.

Julio   Venga al senado,
que eso es mentira.

Candado (Aparte.)   (Candado,
ya estás en la tentación.)

Julio   El dux lo manda; ea, andemos.

(Salen Lelio y Marcio.)

Lelio   Marcio, no ama quien es cuerdo;
de contento el seso pierdo.

Marcio   El Amor, todo es extremos.

Lelio   ¿Qué es esto?

Candado   Señor: yo soy,
o fuí, si a decirlo acierto,
criado antaño del muerto
Lisauro. Hele visto yo

finar, y vengo a cobrar
lo que el dux ha prometido
a quien hubiere sabido
su muerte. Entré en el lugar
   y, apenas en él me vi,
cuando aquestos dos alanos
me echaron ambas las manos;
hacen presa y pinta en mí.

Lelio   ¿Morir a Lisauro has visto?

Candado   Sí, señor, por estos ojos
que tien de comer gorgojos;
ya habrá cenado con Cristo.

Lelio   Marcio, ¿hay ventura mayor?
¿Que la muerte que he fingido
verdadera haya salido?

Marcio   Está de tu parte Amor.
   No me espanto.

Lelio   En mi servicio
quiero que estés desde hoy;
dueño de Fulgencia soy
y ser tu dueño codicio.
   Que si a Lisauro sucedo
y es mi esposa su mujer,
desde hoy le he de parecer
en todo.

Candado   Con vos me quedo.
   Mas ¿qué decís de Fulgencia?

Lelio	Que es mi esposa y mi bien ya.
Candado	¿La viuda?
Marcio	Claro está.
Candado	¿Pues no es cargo de conciencia que tan presto olvide el luto?
Lelio	Esta noche he de ir a vella,
Candado	¿A su casa?
Lelio	Sí.
Candado	¿Y con ella?
Lelio	Con ella, pues.
Candado	¡Oste puto!
Lelio	Vamos, y en llegando a casa de noche, me vestiré.
Candado (Aparte.)	(Yo y todo me escurriré y le diré lo que pasa a mi amo.
Lelio (Aparte.)	(¡Que he de ser tu esposo, Fulgencia amada! ¡Gran dicha!)
Candado (Aparte.)	(¡Viuda y casada en un día! ¡Oh, roin mujer!

(Vanse. Sale Lisauro y tras él cuatro labradores.)

Labrador I   Echadle con el pecado.

Labrador II   Después que está en el lugar
todos hemos desmedrado,
hasta venirse a quemar
la casa que le ha hospedado.

Labrador III   ¡Válgate la maldición,
por hombre o por desventura!

Labrador IV   La desdicha es contagión.

Labrador I   Por verdad nos dijo el cura
el otro día en el sermón,
que se ahogaban en el mar
todos los que iban con él.

Labrador II   En él lo habíamos de echar.

Lisauro   Ea, Fortuna cruel,
acábate de vengar.
Echadme, no tengáis pena,
que el mar me recibirá,
pues la tierra me condena;
mas para mí aun no tendrá
todo el mar una ballena.

Labrador III   Yo os juro a Dios, si os volvéis
al puebro, que os he de ahorcar.

Labrador IV   Qué diabros con vos traéis?

Labrador I	Dejadle.
Labrador III	Volveos a entrar, que vos mos la pagaréis.

(Vanse los labradores.)

Lisauro	Ea, Fortuna convoca toda la furia y violencia que contra mí se provoca, porque para mi paciencia toda tu potencia es poca. ¡Ah, Candado, por leal mi desdicha has heredado! Si la sombra del nogal significa al desdichado que a cuanto alcanza el mal, nogal, mi suerte me nombra, por fuerza te ha de alcanzar la desdicha que me asombra, pues te quisiste arrimar a tan desdichada sombra.

(Sale Candado.)

Candado	No le quisiera traer las nuevas a mi señor que le traigo, que han de ser muerte suya y de su honor; mas si las ha de saber por otro, sepa por mí el mal que por su honra pasa.
Lisauro	¿Candado?

Candado (Aparte.)	(Ya enmudecí.)

Lisauro
>Ya el cielo quemó tu casa.
>porque yo en ella viví.
>   De tu lugar me han echado,
>¡tanto mi desdicha pudo!
>Tú solo firme has quedado;
>Habla; ¿de qué estás mudo?

Candado
>   Candado está con candado.

Lisauro
>   ¿Cómo queda mi Fulgencia?
>¿Cómo mi Efigencla está?
>¿Consolólas tu presencia?
>¿Callas? No por bien será.
>No pruebes más mi paciencia.
>   ¿Venció el interés cruel
>a la pobreza inconstante?

Candado
>   No hay resistencia con él.
>¿Conoces este diamante?

Lisauro
>Sí.

Candado
>   Pues mira este papel.

(Lisauro lee para sí.)
>   «Tu enemigo ha publicado
>por Venecia que eres muerto;
>creyólo el dux y senado,
>lloró Fulgencia, por cierto
>lo que tenía deseado.
>   Llegó Lelio la mañana
>de la nueva, ofreció ser
>su esposo, y es cosa llana

que esto de boda en mujer
es tentación de manzana.
   Porque el mismo día y punto
que oyó casamiento, dio
a la parroquia el difunto,
el luto en verde aforró,
triunfó Roma de Sagunto,
   y Efigencia, que también
la tentación de marido
le hace andar a ten con ten,
de secretaria ha servido,
y como tus ojos ven,
   este papel escribió
por su madre, a quien ofrece
a Lelio, y con él le dio
el diamante que merece
no serlo, pues se mudó
   tan presto. Llegó Candado
con las cargas de carbón;
conocióme en el mercado
un alguacil socarrón,
quiso llevarme al senado.
   Dije que muerto te había
y que por el justo precio
del homicidio venía;
creyóle el amante necio,
llevóme en su compañía,
   y yo, hurtándole el diamante
que te di con el papel,
he venido de portante
a que conozcas por él
lo que refiere importante.
   Concluyo con que a Fulgencia
esta noche ha de ir a hablar

el que te hace competencia,
y tu honra se ha de quedar
a la Luna de Valencia.»

Lisauro   Calla, no digas más, la boca cierra,
tan elocuente a pronunciar mi muerte.
¡Ya dio con toda la Fortuna en tierra!
¡La honra derribó mi triste suerte!
¿Mi Efigencia y mi esposa me hacen guerra?
¿La firme, la mujer constante y fuerte,
tan presto se mudó que me ha olvidado?
Mas todo le persigue a un desdichado.
  ¡Afuera, ropas, que en venir conmigo
se os pegará la peste que me abrasa!
¡Afuera, seso, no me seas testigo
del mal que por mi fama y honra pasa!
Aquesta noche asalta mi enemigo
mi honor por las paredes de mi casa.
¡Defenderle o morir! Que si es honrado,
no seré en eso solo desdichado.

(Vase Lisauro.)

Candado   Al mar se echó, que para tanto fuego
el agua, con ser tanta, aún no es bastante;
las olas corta, si a ayudarle llego,
desde una nave le seré importante.
Góndolas hay aquí, desasosiego
de celos confirmados, ya a un amante
dais tormento, ¿qué haréis al que es casado?
Leal tengo de ser, si él desdichado.

(Vase. Sale Efigencia a la ventana.)

Efigencia

        Noche hermosa, en cuyos brazos
duerme seguro el sosiego,
y para no despertarle
escolta le hace el silencio,
así jamás rayos rojos
ofusquen tus ojos negros
ni el Sol en brazos del alba
te salga a inquietar tan presto,
que favorezcas mi amor
y des ayuda a mi enredo
para que, en vez de Fulgencia,
goce Efigencia de Lelio.

(Salen Lelio y Marcio, como de noche.)

Marcio

        Mira que está en la ventana
tu dama.

Lelio

               ¡Oh, piadosos cielos!
¡Sol de noche, luz a escuras,
gran milagro! Marcio, llego.

(Sale Lisauro desnudo y mojado.)

Lisauro (Aparte.)

        (En las alas de las olas
del mar, para todos fiero,
solo para mí piadoso,
si es piedad no haberme muerto,
llegué volando, señal
que a ver mi deshonra llego;
porque el bien siempre es pesado,
como los males ligeros.
Ésta es mi casa. ¡Ay de mí!
Dos hombres hablando veo

a mi adúltera ventana.
Arrimad escalas, celos,
que aun una espada no traigo;
pero ¿para qué la quiero,
pues no hace el acero falta
cuando el honor tiene aceros?)

Lelio

  ¡Ah, del oriente dichoso
donde el Sol que reverencio,
a pesar de mis desdichas,
da luz a mis pensamientos!

Efigencia

¡Ah del amor más constante
que vio en sus siglos el tiempo
poderoso a conquistar
mi ya agradecido pecho!
Fulgencia soy; si llorosa
por Lisauro, ya con Lelio
tan ufana, que no iguala
mi pesar a mi contento.

Lisauro (Aparte.)

(¿Que lo escucho y no doy voces?
¡Jesús! Fulgencia, ¿tan presto
mudable? Llora la aurora
perlas que enjuga el Sol luego.)

Lelio

  Mi bien, si soy yo vuestro esposo,
ya es la dilación tormento
del alma donde vivís,
como salamandria al fuego.
No permitáis que padezca
en el riguroso infierno
del temor quien de la gloria
goza que en amaros tengo.

Efigencia	Lelio, ya yo no soy mía,
	y así, ni quiero ni puedo
	negar el alma que os guardo
	cuando la pide su dueño.
	¿Daisme palabras de ser
	mi esposo?
Lelio	Por todo el cielo,
	por el valor de mi sangre
	y por la ley que profeso,
	juro de haceros señora
	del mayorazgo que heredo
	y del alma en que vivís.
Efigencia	Pues en ese juramento
	fiada, aguardad, señor,
	que daros posesión quiero
	del alma, donde Lisauro
	invencible vivió un tiempo.

(Vase Efigencia.)

Lelio	Marcio, mira si soy yo
	quien esto escucha. ¿Si es cierto;
	si es Fulgencia la que baja;
	si vivo, si estoy despierto?
Marcio	No me espanto que lo dudes,
	que lo veo y no lo creo;
	pero en mujer sola y pobre
	¿qué no podrá tu dinero?

(Sale Efigencia con manto.)

Efigencia	¡Venciste, Lelio querido!
Lelio	¡Oh, venturosos tormentos padecidos por Fulgencia pues tan dulce fin tuvieron!

(Llega Lisauro y detiene a Lelio.)

Lisauro	No tanto que vuestra muerte, traidores, no venga en ellos. Lisauro soy, inconstante, Lisauro soy, vivo vengo.
Lelio	Marcio, llévala en los brazos a la góndola.

(Llévala Marcio.)

Lisauro	Primero vengaré con vuestra muerte mi injuria y deshonra.
Efigencia	¡Ay, cielos!
Lelio	Aunque pudiera matarte o mandar llevarte preso donde la muerte pagaras de mi hermano Filiberto, no hay venganza que se iguale a la que hoy hacer pretendo, no en tu vida, en tu honra sí, para blasón y trofeo de mi venganza, pues goza, vivo tú, a Fulgencia, Lelio.

Lisauro	Espera, no huyas cobarde.
	Dame la muerte primero,
	pues por no tener espada
	ir con la vida te dejo.

(Vanse Lelio. Sale Fulgencia por otra puerta.)

Fulgencia	De aquesta voz lastimada
	temerosa y triste vengo,
	de mi Lisauro parece.
	Muerto está; pero, aunque muerto,
	su espíritu diera alivio
	a mi eterno desconsuelo.
	¡Ay, Lisauro de mis ojos!
	¿Cuándo permitirá el cielo
	que se acompañen las almas
	pues ya no pueden los cuerpos?

(Sale Lisauro por la puerta enfrente de Fulgencia.)

Lisauro	No ha de quedar cosa en pie,
	desde los infames techos,
	que no abrase mi venganza.

Fulgencia	¡Ay, Jesús! ¿Qué es lo que veo?

(Sin verla.)

Lisauro	¡Ay, Fulgencia, pluma fácil!
	El interés dio en el suelo
	con tu firmeza.

Fulgencia	¡Lisauro!
	¡Gloria de mis pensamientos!

Lisauro	¡Jesús! ¿quién eres, mujer?
Fulgencia	¿Quién soy, dices? ¿No era espejo yo de tus ojos, Lisauro? Fulgencia soy.
Lisauro	No lo creo; no puede haber dos Fulgencias.
Fulgencia	Bien dices, sola merezco fama eterna, sola soy en el amor que te tengo.
Lisauro	¿Lelio no te llevó ahora?
Fulgencia	No ha podido llevar Lelio de tu esposa una palabra, un mínimo pensamiento.
Lisauro	¿Qué es esto, desdichas mías? ¿Mis ojos mismos no vieron a Lelio llevar mi esposa?
Fulgencia	Tu esposa no, que mintieron; pero escucha, pues que vives para mi bien, que sospecho lo que ha podido engañarte, Efigencia ha mucho tiempo que ama a Lelio, y pudo ser que, ser tu esposa fingiendo, le engañase de ese modo.
Lisauro	¿Ah, Efigencia?

(Llámala.)

Fulgencia
                    Aquesto es cierto,
                mi bien, pues que no responde.

Lisauro
                Palabra de casamiento
                la dio Lelio; pero ¿quién
                cree palabras si son viento?
                Él intenta mi deshonra.
                Fulgencia amada, ¿qué espero?
                Al dux voy a presentarme
                que, aunque está agraviado, es cuerdo,
                todo el senado me busca,
                vénguese en mí, porque muerto
                muera conmigo mi agravio.

Fulgencia
                 Dulce esposo, amado dueño
                oye, escucha. ¿Así me dejas?

Lisauro
                Muriendo, Fulgencia, intento
                dar en Venecia principio
                a un honroso atrevimiento.

(Vase Lisauro.)

Fulgencia
                 Y yo de nuevo a mi llanto.
                Cuando te cobro te pierdo.
                Dueño desdichado mío,
                tras ti voy; perdone el miedo,
                el recato y la vergüenza
                que encerrada me tuvieron;
                que no hay paciencia que baste
                al tropel de mis tormentos.

(Vase Fulgencia. Salen el Dux, viejo, y el duque de Ferrara; tocan cajas y salen soldados, y el de Ferrara con bastón.)

Dux

La victoria, duque ilustre,
que de los contrarios nuestros
por vos hemos alcanzado
era cierta, conociendo
el valor del capitán
y los hazañosos hechos
de los duques de Ferrara.

Duque

A vuestra excelencia beso
las manos por tal favor.

Dux

Por vuestro valor espero
que Venecia ha de cobrar
cuanto usurpa el turco fiero.
Levántaos la fama estatuas,
y con armas y trofeos
publique la señoría
las hazañas que os debemos.
Pedid al senado, duque,
lo que quisiéredes, cierto
de que se os concederá
cualquiera difícil premio.

(Sale Lisauro.)

Lisauro

Excelentísimo dux,
senado ilustre y supremo,
por quien conserva la patria
la libertad de su imperio, l
a defensa del honor, caudal
que estima el que es cuerdo

más que la vida, que al fin
se acaba y él queda eterno,
hizo que Lisauro diese,
después de diversos medios
que despreció la ambición,
justa muerte a Filiberto.
Huyó; buscóle el senado,
a pregones prometiendo
diez mil escudos por él,
alzando cualquier destierro;
confiscóle la justicia
sus bienes, no permitiendo
salir su esposa de aquí.
¡Riguroso mandamiento!
Quedó pobre, pero honrada,
sin que bastase el dinero
de Lelio, que sucedió
a su hermano en pensamientos,
a derribar su firmeza,
por más engaños y enredos
que el poder pudo inventar,
milagro para estos tiempos.
Publicó Lelio mi muerte
dando fe de casamiento
a Fulgencia si alcanzaba
la ejecución sus deseos.
Pero Amor, que no consiente
poner límite en sus reinos,
hizo que Efigencia, mi hija,
por Lelio perdiese el seso.
Fingió, pues, que mi Fuigencia
le amaba, su esposo muerto,
escribióle en nombre suyo,
dióle prendas, concluyendo

en que esta noche viniese
por ella, y al fin —¡ay cielos!—
creyendo que era mi esposa,
a Efigencia goza Lelio.
Si la justicia —¡oh gran dux,
senado ilustre!— es espejo
en que el juez se ha de mirar
para enmendar sus defectos,
dos cosas vengo a pediros,
si es que alcanzarlas merezco:
la primera, que se cumplan
palabras y juramentos
dadas por Lelio a Efigencia;
la segunda, que, pues vengo
a entregarme yo a mi mismo
y es el prometido precio
diez mil escudos por mí,
me quitéis la vida y luego
la pobreza de mi esposa
mandéis remediar con ellos.
Acabarán con mi vida
las desgracias con que el cielo
me persigue, y daré nombre
a mi honroso atrevimiento.

Duque

A tan piadosa demanda,
pues licencia de vos tengo
para pediros mercedes,
solo que perdonéis quiero
a Lisauro, invicto dux.

(Salen Lelio y Marcio.)

Lelio	Marcio, tan alegre vengo del engaño de Efigencia, que, enamorado de nuevo, por esposa he de pedirla a mi padre.
Dux	¿Qué es aquesto?
Lelio	Señor, si de tu valor, nobleza, piedad y celo vuela la ligera fama por uno y otro hemisferio, muestra perdonar injurias la nobleza de tu pecho. Efigencia de Lisauro, el que mató a Filiberto, con tu licencia es mi esposa.
Duque	Señor, por él intercedo.
Dux	Si el cielo lo quiere así, alto, yo también lo quiero. A Lisauro doy perdón, su hacienda y patria le vuelvo, y a Efigencia, vuestra hija, por hija desde hoy acepto.
Duque	Inmortalice tu nombre la fama a pesar del tiempo.
Lisauro	Eres gloria de este siglo.
Lelio	De nobleza eres espejo

Marcio	Lisauro está perdonado.

(Sale Fulgencia.)

Fulgencia	A los venturosos ecos del perdón de mi Lisauro ya a besarte los pies llego.

(Sale Efigencia.)

Efigencia	Y yo a pedirte perdón.
Lisauro	¡Dulce esposa!
Fulgencia	¡Amado dueño!

(Sale Candado.)

Candado	A gozar viene Candado, entre tantos, un día bueno.
Lisauro	Con la mitad de mi hacienda, pues cuanto tengo te debo por leal y por constante.
Candado	Ya tus daños fenecieron.
Lisauro	A Honorato, desterrado, habéis de alzar el destierro.
Dux	Ya no os puedo negar nada. Vamos, Lisauro, y daremos principio a vuestra ventura,

a vuestras penas consuelo.

Lisauro   Y fin, con vuestra licencia,
al Honroso atrevimiento.

Fin de la comedia

Libros a la carta

A la carta es un servicio especializado para
empresas,
librerías,
bibliotecas,
editoriales
y centros de enseñanza;
y permite confeccionar libros que, por su formato y concepción, sirven a los propósitos más específicos de estas instituciones.

Las empresas nos encargan ediciones personalizadas para marketing editorial o para regalos institucionales. Y los interesados solicitan, a título personal, ediciones antiguas, o no disponibles en el mercado; y las acompañan con notas y comentarios críticos.

Las ediciones tienen como apoyo un libro de estilo con todo tipo de referencias sobre los criterios de tratamiento tipográfico aplicados a nuestros libros que puede ser consultado en Linkgua-ediciones.com .

Linkgua edita por encargo diferentes versiones de una misma obra con distintos tratamientos ortotipográficos (actualizaciones de carácter divulgativo de un clásico, o versiones estrictamente fieles a la edición original de referencia).

Este servicio de ediciones a la carta le permitirá, si usted se dedica a la enseñanza, tener una forma de hacer pública su interpretación de un texto y, sobre una versión digitalizada «base», usted podrá introducir interpretaciones del texto fuente. Es un tópico que los profesores denuncien en clase los desmanes de una edición, o vayan comentando errores de interpretación de un texto y esta es una solución útil a esa necesidad del mundo académico.

Asimismo publicamos de manera sistemática, en un mismo catálogo, tesis doctorales y actas de congresos académicos, que son distribuidas a través de nuestra Web.

El servicio de «libros a la carta» funciona de dos formas.

1. Tenemos un fondo de libros digitalizados que usted puede personalizar en tiradas de al menos cinco ejemplares. Estas personalizaciones pueden ser de todo tipo: añadir notas de clase para uso de un grupo de estu-

diantes, introducir logos corporativos para uso con fines de marketing empresarial, etc. etc.

2. Buscamos libros descatalogados de otras editoriales y los reeditamos en tiradas cortas a petición de un cliente.

www.ingramcontent.com/pod-product-compliance
Lightning Source LLC
Chambersburg PA
CBHW031537040426

42445CB00010B/577